Das kleine Puppenbuch

Eine Künstlerin erzählt

CARINTHIA

ISBN 3-85378-098-9

2. Auflage
© Verlag Carinthia, Klagenfurt 1978
Alle Rechte vorbehalten
Gesamtherstellung:
Graphischer Betrieb Carinthia, Klagenfurt

Oft drücken mir Leute die Hände aus Dankbarkeit dafür, daß ich sie mit meinen Kinderfiguren an die eigene Kinderzeit erinnere. Meine Puppenkinder sind zwar so, wie die Kleinen zur Zeit meines Aufwachsens waren, aber wenn ich die Kinder von heute betrachte, so lese ich aus ihren Gesichtlein die gleiche Fröhlichkeit und Unbekümmertheit, nur Haartracht und Kleidung haben sich unterdessen geändert.

Wenn ich so zurückdenke: Wie schwer haben wir darauf gewartet, daß der letzte Schneefleck vom Mittagskogel verschwand, denn erst dann durften wir barfuß laufen. Weiß einer, wie schön das ist, wenn einem der feine Pulverstaub der Landstraße in kleinen Wolken zwischen den Zehen aufpafft? Die Erinnerungen an meine früheste Kinderzeit sind eigentlich immer Sommer und Sonne. Ich habe lange nicht begriffen, wieso damals das Gras so hoch war, daß man darin verschwinden konnte wie ein Häschen – und sich mitten in der Wiese eine Wohnung einzurichten vermochte! Und wie schön war es, über den glühenden Sand der Gailauen bei Villach zu laufen und in dem warmen Wasser der alten Gail – einem stehenden Gewässer – Jagd auf Frösche, Kaulquappen und anderes glitschiges Getier zu machen und diese Viecher dann im Hosensack oder in der Schürzentasche fürs Aquarium (eine Regentonne) heimzubringen! Manchmal vergaß man das Entleeren der Taschen, dann setzte es was, wenn unserer Mutter beim Wäschewaschen die „Bescherung" offenbar wurde.

Elli Riehl – die Kärntner Puppenmacherin

stöße in Dreiecksform von unserer Tischlerei. Die Brüder stiegen oben drüber, ich kroch unten durch; über jede der drei Ecken hatten wir Bretter gelegt, und in dieser versteckten Behausung rauchten wir, meist Kukuruzhaar, manchmal auch Kartoffelkraut, und fühlten uns dabei sehr erwachsen. Unsere Arbeiter waren damals Italiener. Sie kamen und gingen mit den Schwalben. Sie waren sehr fleißig und bescheiden. Wenn sie mittags ihre Polenta kochten, luden sie uns gern ein; es schmeckte viel besser als beim elterlichen Mittagstisch.

Und der Garten meiner Jugend! Von den ersten Erdbeeren und Herzkirschen bis zu den Winteräpfeln spendete er alles, was es nur an Beeren und Obst gab. Da fehlte die Elli meistens überhaupt beim Mittagessen. Entweder saß ich hoch oben im Kirschbaum oder ich lag bäuchlings auf einem der Gartenwege zwischen Johannisbeer- und Stachelbeersträuchern und betrachtete Laufkäfer und ähnliches Krabbelgetier oder verfolgte die Schlacht zwischen den roten und den schwarzen Ameisen.

Ein großer Kirschbaum von herrlichem Wuchs stand in unserem Garten. Vom Wipfel aus sah man über alle Dächer hinweg den Turm der Stadtpfarrkirche von Villach, und wenn ich bäuchlings einen dicken Ast entlang bis gegen sein Ende kroch, konnte ich fast das Giebelfenster meiner damaligen Puppenfreundin erreichen. Der Baum trug nur Vogelkirschen, er war nicht veredelt, daher unnütz und wurde eines Tages umgesägt. Ich war sehr traurig darüber.

Groß war unser Garten. Hinter den Gemüsebeeten lag der

werk benutzten, über Wiesen und Felder hin in die Ferne blicken: bis zur Karawankenkette mit dem Mittagskogel und dem Türkenkopf, bei dem damals erst Nasen- und Bartspitze dunkelten, da sein Waldkleid noch leicht und durchsichtig war. Und vom Gemüsegarten sah man über den Galgenbühel zum Mangart hin, der auch im Hochsommer noch eine große Schneeflanke hatte. Ja, der Galgenbühel ist auch eine Kindheitserinnerung! Gegen Norden war er von einem Fichtenwäldchen bestanden, nach Westen dehnte sich eine Wiese mit niedrigem Grad und Kartäusernelken; uns interessierte jedoch die Südflanke, sie war unsere Wonne! Ein Brettl unter die vier Buchstaben – und, heidi!, ging's hinunter durch die Schotterriesen. Ich erinnere mich: Einmal kam ich aus der Bahn; blind vom Sandstaub in den Augen und voller Schürfwunden, tastete ich mich heulend heim. Ich möchte noch erzählen, wieso diese Bodenerhebung Galgenbühel hieß: Am Schulweg, wo kaum erst die Stadt begann, stand ein altersgrauer Grenzstein. Man erzählte sich, daß bis hierher der Priester den verurteilten Verbrecher aus der Stadt begleitete und ihn dann den Schergen überließ, die ihn auf dem Galgenbühel hängten.

Mein Schulweg war weit, weit genug, um sich auf ihm die schönsten Märchen zu ersinnen. Es war eine gute halbe Stunde bis in die Stadt, und dann ging es durch die Khevenhüllergasse, vorbei an den gruseligen kleinen Fenstern des alten Rathauses mit den dicken Eisenstäben oder vorbei am Altersheim auf der anderen Gassenseite, aus dem es immer so komisch roch. Damals war es längst vorbei mit den wilden

Elli im Alter von vier Jahren

meiner Schwester. Wie mir das weh tat, wenn ein Bruder eine Puppe unsanft anfaßte! Vor Weihnachten verschwanden dann die Puppen nach und nach. Wenn wir in der Nacht wach wurden, hörten wir Mutters Nähmaschine rasseln und wußten, was sich tat. Unterm Christbaum standen unsere Lieben dann neu gekleidet vom Hemd bis zu Mantel und Mützchen, und die Freude darüber war eine viel größere, als wenn ich eine neue Puppe bekommen hätte.

Doch man glaube nicht, daß so ein Kinderhimmel ohne Wolken sei! Wie dunkelgrau und bedrückend war es zuweilen, wenn es in der Schule nicht so ging, wie es sollte. Oder gar im Elternhaus, wenn unser Mutterle weinte und Vater nicht so war, wie Väter sein sollten. Aber, selige Unbekümmertheit der Jugend! Es konnte nie so dunkel sein, daß man nicht irgendwo ein Licht sah.

Dann brach 1914 der erste Weltkrieg aus und für mich eine andere Zeit nach den Ferien an: ich mußte in eine neue Schule mit neuen Lehrerinnen. Ich kam nämlich in die Bürgerschule. Im ersten Jahr gab es mit Italien noch Frieden, und besonders Eisenbahnerfrauen fuhren nach Pontafel ins Kanaltal hamstern. Einmal wurde ich mitgenommen. Es war aufregend, allein schon der Bahnfahrt wegen. Zwischen Pontafel und Pontebba ging man dann öfter über die Grenze hin und her und „entleerte" sich in der Eisenbahnerkaserne von Pontafel. Ein schmaler Bach mit einer Brücke darüber trennte zwei Welten. Drüben alles fremd, besonders die Stühle mit dem Strohgeflecht fand ich sonderbar. In den kleinen Läden, die nach Petroleum, Käse und Salami rochen, wurden wir „aus-

Elli mit ihrer jüngeren Schwester

begann es die Beine hinunterzurieseln – ein Reissackerl war geborsten. Breitbeinig, unterm Strohhut ein Stück Salami, betrat ich ängstlich die Brücke. Die italienischen Zöllner riefen sich zu „Guarda, guarda, la Bambina!" und bogen sich vor Lachen. Man ließ mich passieren, aber meine Begleitung, die Eisenbahnersfrau, nahmen sie sich vor. Die Frau war natürlich böse auf mich.

Im zweiten Kriegssommer, erinnere ich mich, mußte ich mich einmal am Morgen um Lebensmittelkarten anstellen und ließ die Erkennungskarte dort liegen, mußte also nochmals zurück. Ich weiß nicht, welcher Bock mich gestoßen hatte, aber ich wollte nicht mehr gehen. Kein gutes Zureden, kein Drohen half, ich verkroch mich auf dem Dachboden, von wo mich Mutter schließlich, ergrimmt an den Zöpfen ziehend, herunterholte und in ein Zimmer sperrte. Eine Weile bockte ich noch weiter, dann war's auch mir zu dumm. Ich kletterte aus dem Fenster – unsere Wohnung war im Hochparterre –, schlich durch den Garten, schlüpfte durch eine Zaunlücke, rannte durch das große Maisfeld und einen Wiesenweg weiter in die Gailauen. Nie wieder wollte ich nach Hause!

Die Müllnerner Brücke war hüben und drüben von Militärposten besetzt, und man mußte einen Identitätsausweis haben, um passieren zu dürfen. Aber wer achtete schon auf ein kleines barfüßiges Ding mit zerzausten Zöpfen? Ich wollte an die Front. Es konnte ja nicht so weit sein, denn den Donner der schweren Geschütze hörte man des öfteren in unserem Garten. Die Zeitungen hatten eines Tages eine rührende Geschichte von einem kleinen Mädchen veröffentlicht, das

12

Elli mit ihrem vierbeinigen Liebling

Bauer aus der „Gegend"
(Aus Gruppe Kärntner Volksabstimmung 1920)

verlaufen und mußte vor einem aufziehenden Gewitter in der Ruine Altfinkenstein Zuflucht nehmen. Von da aus sah ich Villach im goldenen Licht der Nachmittagssonne, und es überkam mich ein solches Heimweh, daß meine müden Beine mich ganz von selber den kürzesten Weg nach Hause führten. Nur einen Blumenstrauß pflückte ich noch schnell nebenbei. Als ich das Elternhaus erreichte, rief das romantische „Büchertantchen": „Wie, das Heideprinzeßchen von der Marlitt." Mutter stellte gleich ein großes Häferl Malzkaffee mit Sterz für mich hin; alle freuten sich, daß ich wieder da war. Vater hatte gerade die Polizei verständigen wollen, nachdem das Maisfeld hinter dem Garten kreuz und quer nach mir abgesucht worden war.

Als ich von meinem weiten, weiten Weg erzählte, sahen sogar die Brüder bewundernd zu mir auf.

Vom Büchertantchen wäre noch zu erzählen, deshalb zurück in die Kinderzeit vor dem Krieg! Das Büchertantchen war die um zwölf Jahre ältere Schwester unserer Mutter, ein richtiges Altjüngferle, das nur eines kannte: Bücher und wieder Bücher. In ihrem Stübchen war nicht der kleinste Platz für etwas anderes. An den langen Winterabenden saßen wir auf „Schamerln" in der warmen Küche um sie gedrängt. Und sie las vor. Von ihrem Bücherschatz besitze ich leider nur wenige Bände, unter anderem den „Schweizer Robinson" und „1001 Nacht", beide aus dem Anfang des vorigen Jahrhunderts, stockfleckig und zerlesen. Kommen sie mir einmal in die Hand, so steigt die Erinnerung auf an unser atemloses Lauschen und an das kleine, bucklige, ein wenig „spinnerte"

Wir haben im ersten Weltkrieg eigentlich wenig gehungert. Da war der Garten mit Gemüse und Kartoffeln, außerdem kaufte Mutter im Frühling ein Schwein, einen sogenannten Prieling, der im Winter geschlachtet wurde und die Vorratskammer mit Würsten und Selchfleisch füllte. Schlimm war es nur mit dem Brot, aus dem manchmal das Sägemehl rieselte oder ganze Knollen Zeitungspapier hervorkamen. Unsere Arbeiter waren damals kriegsgefangene Russen. Ich habe später selten so gutmütige und weichherzige Menschen getroffen. Wie die hungerten, die Armen! Sie stürzten sich sogar auf die Kartoffelschalen.

Dann kam der Rückzug im Spätherbst 1918. Für uns junge Leute, ich war damals knapp 16 Jahre, waren es interessante Tage. Wir hockten den ganzen Tag hinter den Fenstern und beobachteten, wie die Soldaten, Zug um Zug, vorbeistolperten. Über den Hof zu gehen war gefährlich, denn manche schossen ihre Gewehre aus, dann pfiffen die Kugeln durch die Luft. Es drängten sich damals so viele Erlebnisse zusammen, daß vieles aus der Erinnerung verschwand. Im Gedächtnis behalten habe ich beispielsweise Pferde. Auf der Weide hinter dem Obstgarten grasten sie frei. Keiner kümmerte sich um sie; man konnte es auch nicht, es waren zu viele. Dann kamen, zu früh, Reif und Frost, und wir mußten tatenlos zusehen, wie zahlreiche Tiere verendeten. „Hindu" kam zu uns, ein kleines graues Pferd, das sehr zahm wurde und das wir alle ins Herz schlossen. Als die Zustände sich entwirrt hatten und allmählich wieder Ruhe und Ordnung eintraten, mußten wir „Hindu" hergeben.

und es für wenig Geld zum Kauf angeboten. Es wurde
erworben, und für uns begann die Qual der Klavierstunden.
Während meine Schwester stundenlang üben konnte, wurde
ich der Sache bald überdrüssig. Musikalisch war ich ja leider
nicht. Deshalb ist für mich auch heute noch die liebste Musik
die Musik der Stille.

Eigentlich war immer daran gedacht worden, daß ich „Leh-
rerfräuln" werden sollte, aber ein pensionierter Lehrer riet
meiner Mutter heftig von diesem Beruf ab. Das war noch im
letzten Kriegsjahr. Daraufhin wurde ich in die zweijährige
Handelsschule geschickt, und zwar in die Landeshauptstadt
Klagenfurt, in Villach gab es zu jener Zeit noch nichts
dergleichen. Diese Entscheidung war die verkehrteste. Mein
Interesse für die Fächer war so gering, daß nichts, überhaupt
nichts von dem, was man mich lehrte, hängenblieb. Mein
Halbjahreszeugnis fiel auch entsprechend aus. Zu meinem
Glück wurde die Schule vorzeitig geschlossen, weil die
„Tschuschen" kamen. Zu Fuß (Züge fuhren ja in jenen
schweren Zeiten nicht) pilgerten wir von Klagenfurt nach
Villach, und am nächsten Tag geleiteten wir eine Mitschülerin
(wieder zu Fuß!) nach dem damals sehr kleinen Bad Klein-
kirchheim. Zweimal durch die „Gegend", hin und zurück!
Wenn ich geahnt hätte, daß das einmal meine Heimat werden
würde!
Als unser Büchertantchen in das Altersheim kam, erhielt ich
ein eigenes Zimmer unter Dach. Ich malte den Raum selbst
aus. Auch die neuen Möbel aus Föhrenholz bemalte ich mit
Vögeln und Blumen. Es war mein Himmelreich! Das Bett

morgen die Decke vom Atem oftmals steifgefroren war! Die Susi, eine verzinkte Bettflasche, hielt mich schön warm.

Und dann mein eigener Schreibtisch! Daß ich ein Tagebuch führte, war selbstverständlich; dazu noch ein Poesiebuch, nicht mit eigenen Gedichten, aber mit eigenen Zeichnungen. Eigentlich begann ich mit dem Schreiben. Ich verfaßte Tiergeschichten und Märchen, nur gedruckt wurden sie nie. Das heißt mit einer einzigen Ausnahme: ich kam mit einem Beitrag in der Kinderbeilage des „Getreuen Eckart" unter. – „Die Fliege Brumsel von Elli Urban, Villach" stand schwarz auf weiß zu lesen. Komischerweise verlachte mich die ganze Familie, und ich schämte mich sehr.

Jeden Sonntag, im Winter mit Skiern, ging ich in jener romantischen Jugendzeit hinauf zur Judendorfer Halterhütte am Hang des Dobratsch. Dort kannte ich jeden Baum. Wenn ich aus dem Wald auf die Halt trat, empfing mich schon der Schwarm von Schopfmeisen und begleitete mich zur Hütte. Sie konnten es kaum erwarten, daß ich aus der Außentasche meines Rucksackes die Grammeldose holte. Ich wunderte mich oft, wie genau die Vögel den Kalender kannten. Kam ich einmal unter der Woche, so dauerte es länger, bis mich ein gefiederter Sänger entdeckte und die anderen rief.

Einmal kaufte ich für mein ganzes Taschengeld von unserem Sägler einen kurz zuvor gefangenen Kreuzschnabel und trug ihn im kleinen Lockhäusl hinauf zur Hütte. Es war schon später Nachmittag und ein Wochentag. Ein verwundertes Zögern, als ich das Türl öffnete, und dann ein Jubelruf, mit dem sich der Vogel in die Freiheit schwang. Ich weiß heute

Jedenfalls stapfte ich befriedigt durch den morschen Frühlingsschnee heimzu. – Wie viele unvergeßliche Stunden habe ich dort auf der Stufe der Halterhütte simuliert, fabuliert und verträumt!

Dann die Erinnerung an Frühlingstage und die Jägerhütte. Sie lag gegen den Hundsmarhof hin, und ich besaß einen Schlüssel zu ihrer Tür. Wenn daheim alles schlief, schlich ich in Socken über die Holzstiege hinunter und schlüpfte im Hof in die Goiserer. Auf der Straße noch etwas ängstlich, es könnte mich jemand sehen, aber dann, nach den letzten Häusern, ging's über die Wechselwiese hinauf zum Wald! Ein Kerzenstümpchen in einem Wasserglas verscheuchte das ärgste Dunkel. Der Weg bis zur Hütte dauerte eineinhalb Stunden. Gab es eine sternenhelle Nacht, so schleifte ich den muffigen Strohsack und die groben Kotzen vor die Hütte und schlief herrlich, bis der erste fragende Drosselruf, dem bald das große Konzert folgte, mich weckte. Kam ich dann mit duftendem Seidelbast heim, so saß die Familie beim Frühstück und rief: „Unser Naturtreappale kommt!"

Die erste Liebe! Er war Student an der Technischen Hochschule in Wien. Wanderungen wurden nur in Gesellschaft erlaubt. Sonst trafen wir uns während seiner Ferien meist am Zaun zum Nachbarshaus, wo er täglicher Gast war, weshalb ihn Vater spottend den Zaunkönig nannte. Die Liebe währte einige Jahre. Aber als ich 25 wurde und das Ende seines Studiums noch immer nicht absehbar war, kündigte ich ihm meine Zuneigung auf. Er war wohl nicht d i e Liebe gewesen. Wir hatten einen Haushund von der Gestalt eines Neufund-

Paar aus dem Rosental in historischer Tracht

Tanzendes Paar aus dem Gailtal

ihm, da er aber schon mit diesem Namen gerufen wurde, als er in unser Haus kam, blieben wir bei Lidi. Lidi war übrigens eine Hündin. Immer bei Fuß, war dieser Hund mein treuester Begleiter. Begegnete mir ein verdächtiger Mensch, genügte ein leichter Druck auf Lidis Kopf, und schon fletschte sie die Zähne. Ich wanderte damals ziemlich viel, mein Hausberg war der Mittagskogel. Vor Tagesanbruch gingen wir über die Dobrova nach Faak und stiegen zum Jepzasattel auf, wo beim letzten Wasserl eine Flasche mit köstlichem Naß gefüllt wurde. Die Flasche mußte der Hund tragen, denn der Inhalt war für ihn bestimmt. Während des steilen Aufstieges, der Vormittagssonne schutzlos ausgesetzt, warf er sich in größeren Abständen unter die Latschen und flehte, mich mit seinen treuen Augen ansehend, um eine Rast. Sein Wasser bekam er erst auf dem Gipfel aus dem Deckel der Proviantdose, nachdem ich mich zuvor selbst gelabt hatte. Wie viele zauberhafte Mittagsstunden erlebte ich da oben! Dann gingen wir den weiten Weg wieder zu Fuß nach Hause. Manchmal wanderten wir vom Jepzasattel nach rechts, die Karawankenkette entlang, und stiegen vom Mallestiger Mittagskogel ab. Wie wenig begangen waren damals diese Berge! Es gab fast immer einsame Gipfelrast.

Das war schon die Zeit nach der Inflation, das Geld im Elternhaus war sehr knapp. Ich erinnere mich an ein Pfingstfest, da ging vorher das ganze Geld für die Löhne der Arbeiter auf; es blieb nichts, rein gar nichts für die Feiertage. Ich wollte aber so gern eine Höhenwanderung zum Mirnock machen, weil um diese Zeit der Enzian und die geliebteste meiner

Warmbader Gegend über Alt-Lind, Rennstein, nach Puch und von dort endlich der Anstieg auf den Amberg.

Unter der Zauchenalm richtete ich uns ein Reisiglager, und da schliefen wir, eng beieinander, einer den anderen wärmend, unter meinem Lodenmantel. Im Morgengrauen ging es dann weiter: Frühstück bei der ersten Quelle, ein kurzes, sehr kaltes Bad im Schwarzsee – es war ja weit und breit kein Mensch. Die ersten Leute sah ich erst nach vierstündiger Höhenwanderung auf dem Gipfel des Mirnocks! Es war ein selten schöner Pfingstsonntag. Ich ging immer gern den gleichen Weg zurück, nicht nur, weil nun jeder Stein am Weg ein Bekannter war, auch deswegen, weil die Fernsicht sich nun ganz anders darbot. Nach einer weiteren Übernachtung bei „Mutter Grün" kamen wir, etwas weich in den Beinen, am Pfingstmontag zu Mittag heim.

Wie viele Wanderungen habe ich mit diesem treuen Gefährten gemacht! Es war der größte Schmerz meiner Jugend, als ich Lidi verlor.

In späteren Jahren war ein alter Professor mein Bergkamerad. Er lehrte Deutsch und Latein am Gymnasium. Es gibt nur wenige Berggipfel in Kärnten, auf denen wir nicht waren, und wenige Gegenden, die ich in jener Zeit nicht kennenlernte. Da mein Begleiter kein Skifahrer war, machten wir im Winter Talwanderungen, bis zu zwölf Stunden jeden Sonntag. Er hatte für jede Wanderung die Zeit im voraus genau berechnet und notiert. Daß ich unser Kärnten von damals mit den Landstraßen ohne Autoverkehr so gut kennenlernte, das danke ich ihm noch heute.

Rosentalerin in historischer Tracht
(Aus Gruppe Kärntner Volksabstimmung 1920)

Weihnachten heirateten wir. Ich war damals 29.

Nach dem Tod meines Vaters ging es mit dem Tischlereibetrieb rasch bergab. Der jüngere meiner Brüder, der Begabteste von uns vieren, aber leider ein Trinker (eine Krankheit, unter der er selbst am meisten litt), war zu großzügig bei Geschäftsabschlüssen, der ältere zu gleichgültig, Mutter viel zu schwach, sie weinte nur, wenn etwas nicht so lief, wie es laufen sollte. Es war deshalb keine rosige Brautzeit, die ich erlebte, sosehr wir uns auch liebten. Ich stickte, fast Tag und Nacht, für das damalige Frauenhilfswerk, um mir ein paar Schilling für die Aussteuer zu verdienen. Im Frühjahr 1932 verloren wir durch Konkurs das Elternhaus und, was mich am schwersten traf, den geliebten Garten. Mutter zog in die Stadt und verdiente sich durch das Betreuen von Kostschülerinnen den Lebensunterhalt. Meine Schwester, die ihre Jugendzeit mit Klavierspiel und Mädchenbüchern verbracht hatte, mußte in die Fremde, sie wurde Kinderfräulein.

Der Gehalt meines Mannes, eines jungen Bahnbeamten, an sich nur klein, wurde in drei Raten ausbezahlt. Die erste Rate reichte knapp für die Miete der bescheidenen Zweizimmerwohnung. Da hieß es, einen genauen Ausgabenplan für jeden Monat zu erstellen! Und dennoch war ich glücklich! Ich hatte mich der Herstellung von Puppen zugewandt. Mit der ersten Puppe für das Kind einer Wiener Freundin und den nachfolgenden Bestellungen kam ich mir vor, als hätte ich das große Los gezogen. Vielleicht ahnte ich schon damals, daß ich im Puppenmachen meine Verwirklichung finden würde, meine Lebensbeschäftigung.

unsere Popelen

Therese Edlinger

Schaug i an Deine Popelen,
da gibbs ka Vargessn.
Das tschufete Diandle
bin i selba amal gwesn.

I kann ma nit helfn,
's werd alls wieda wach,
wia i als junga Fratz
bin ghupft üban Bach.

tue a kreizschwaches Lampl
zen Lämpahapp tragn.

Tue bloaßfueßet in Bachlen giahn,
die Schuech bei da Staudn,
und ben Oart aufn
Reapalen klaubn.

Wann die Kerschn send roat worn,
siech mi ranzn aufn Bam,
die Spatzn varjagn
mit Knüttl und Stan.

So tue i be deine Popelen
in die Kindazeit schaugn;
macht ma öppa nix aus,
gspür i's Wassa in die Augn.

Dö Gab kann da lei
da Herrgott gschenkt habm,
und wir müssn von Herzn
Vargeltsgott Dir sagn!

brauchte wegen seines kranken Herzens nicht einzurücken, er versah aber doppelten Dienst in seinem Amt. Ich mußte auch zum Kriegseinsatz, und zwar als Lohnrechnerin. War das eine langweilige Zeit! Aber dann fand man in der Gauleitung, daß meine Puppenarbeit doch nützlicher war als die Tätigkeit am Schreibtisch.

Im dunklen Dezember 1944, als wir wochenlang ohne Strom waren, weil das E-Werk durch Bomben zerstört worden war, obendrein das letzte Kerzenstümpchen verbraucht war und ich verzweifelt, nichtstuend auf Licht wartete, sang mir mein Mann öfters das Lied: „Hoch droben auf dem Berg, ganz nahe den funkelnden Sternen, da weiß ich ein Haus, das wartet auf dich, mein Schatz!" Oder es ertönte die Melodie: „Es geht alles vorüber, es geht alles vorbei, auf jeden Dezember folgt wieder ein Mai!"

Den Mai hat er aber nicht mehr erlebt. Er starb im späten Winter an seinem kranken Herzen. Aber „das Haus hoch droben auf dem Berg" wurde Wirklichkeit. Eine befreundete Bäuerin aus Winklern im Gegendtal stellte mir eine leere Kammer auf ihrer Zuhube beim Rauter in Buchholz zur Verfügung. Meine Stadtwohnung überließ ich Mutter und Schwester, die ausgebombt waren, und ich zog vor Pfingsten 1945 mit den notwendigsten Möbeln, meiner Nähmaschine, dem Puppenmaterial und den liebsten Büchern auf den Berg. Die Streusiedlung Buchholz liegt etwa 1000 m hoch, am nördlichen Ausläufer der Gerlitzen. Die wunderbare Stille und der Fernblick faszinierten mich. Es war auch eben die schönste Jahreszeit angebrochen. Die Wiesen und Buchen

Rauterhube waren einfache Menschen, mit denen ich mich gut verstand. Zu ihren vier Kindern zwischen drei und zehn Jahren ergab sich bald eine herzliche Beziehung. Welche Freude empfand ich, wenn ich, vom Tal kommend, das steile Unterfeld erreicht hatte und mir die Kinder mit dem Haushund entgegengelaufen kamen und mich willkommen hießen. Tagsüber half ich auf dem Feld mit, am Abend arbeitete ich bis spät in die Nacht hinein an den Puppen. Wenn der junge Kater vor meiner Tür miaute und mich auf ihn aufmerksam machte, ließ ich ihn gern in mein Stübchen. Es tat so wohl, in der großen Stille etwas Lebendiges um sich zu haben, das schnurrend um die Beine strich oder seinen dicken Kopf in meine Hand legte.

Wenn ich, barfüßig in der warmen Erde stehend, mit der Haue arbeitete, im taunassen Haferfeld die wilden Rüben ausriß oder wenn ich für den Pächter das Korn mahlen durfte, dabei jedes Gefühl für die Zeit verlor und dem Geklapper der Mühle lauschte, dachte ich oft, daß ich jetzt jenes Leben lebte, das ich mir in meiner Jugend immer erträumt hatte. Punkt 12 Uhr mittags und punkt sieben Uhr abends läutete die Mesnerin die Glocke der kleinen Filialkirche mit dem schönen schindelgedeckten Zwiebelturm. Sie läutete aber auch, wenn ein böses Gewitter aufzog, und ich bangte dann mit den Bauern um die Feldfrucht. So erlebte ich mein erstes Bauernjahr von der Aussaat bis zur Ernte, innig verbunden mit Menschen und Tieren, die ganze Schönheit der schweren Bergbauernarbeit erfahrend.
In jener begnadeten Zeit trat 1945 an einem düsteren Novem-

Lebens. Dr. Kraus kam aus dem Anhaltelager in Wolfsberg und stand im Alter von 65 Jahren. Nach vielen Monaten hinter Stacheldraht war für ihn nun die freie Weite mit der benedeiten Stille eine verzauberte Welt. Er prägte daher für unseren Zufluchtsort die Bezeichnung Zauberberg. Während ich für sein leibliches Wohl sorgte, schulte er meinen Geist. Ich war nie so lernhungrig wie in jener Zeit. Bei unseren Wanderungen dozierte er über Geschichte, Kunst- und Religionsgeschichte; an Regentagen und in den Abendstunden lasen wir Autoren der Antike, und in mir tat sich eine neue Welt auf.

In jener Zeit war es, daß ich aus Amerika einen seltsamen Auftrag erhielt: ich sollte Christus und die zwölf Apostel als Puppen anfertigen. Diese Bestellung lag so ganz außerhalb meiner bisherigen Arbeit, und doch reizte mich die Ausführung sehr. Dr. Kraus besaß zwar schöne Kunstbände, aber ich wollte nach eigener Vorstellung gestalten. Ich holte mir von der Freundlbäurin die alte Bibel und las fleißig darin. Größer als meine üblichen Figuren, mit handgewebten Stoffen bekleidet, entstand ein Apostel nach dem anderen. Als Dr. Kraus einmal kurz verreiste, machte ich die Christusfigur. Ich gestand es ihm auf dem Heimweg, nachdem ich ihn vom Autobus abgeholt hatte. „Mein Gott, hoffentlich ist er nicht süßlich geworden!" sagte er. Nein, mein Christus war nicht süßlich. „Um den Mund die Güte und in den Augen die Trauer", sagte unser Pfarrer, als er ihn sah. – Die Figuren standen in Amerika im Dienste der Mission, wie ich später erfuhr.

Tratschweibelen

Sammlung stehen.

Dr. Kraus war in bezug auf meine Arbeit ein sehr strenger Kritiker, ein so strenger, daß es bei mir manchmal Tränen gab.

So schön unser Leben am Zauberberg auch war, es ging freilich nicht ohne Schwierigkeiten ab. Die „Fassung", wir hatten ja noch Lebensmittelkarten, mußte vom Tal heraufgetragen werden. Der steile Weg war im Winter nur mit Steigeisen begehbar. Trotz der Steigeisen klammerte ich mich oft an einen Baumstamm und redete mir Mut zu, bevor ich auf Händen und Knien zur nächsten sicheren Stelle kroch. Eine Fahrt in die Stadt, die manchmal auch sein mußte, war im Winter besonders schlimm. Autobusse gab es selten, und noch seltener nahmen sie einen mit, sie waren ja alle überfüllt. Im kleinen E-Werk unter dem steilen Abstieg waren unsere Fahrräder eingestellt. Damit meine Füße nicht zu sehr froren, zog ich manchmal Schuhe von Dr. Kraus an, die ich mit Zeitungspapier ausstopfte. Eitel war ich damals gar nicht. Der verstorbene Maler Mundi Kalcher sagte einmal zu mir: „Wenn man ein kleines Gestell mit wollenen Strümpfen, reistenem Kittl und einem Mordsrucksack sieht, so weiß man, daß das die Frau Riehl ist!"

Und meine Brettln, die Skier! – Man stelle sich das heute vor: Eschenholz, 1,30 m lang, 13 cm breit – und zwei feste Haselstöcke. Ich mußte damit ja über die Zäune steigen können, mit Milch und Eiern, die ich bei den Nachbarn geholt hatte, im Rucksack. Einmal mußte ich die Skier wegen einer notwendig gewordenen neuen Bindung in die Stadt

32

Ich stellte mich abseits, als ob sie mir nicht gehörten. Später schämte ich mich, daß ich meine braven Brettln verleugnet hatte. Wie schön war es mit ihnen, die Seehundfelle aufgezogen, durch unberührten Schnee bergauf zu gehen! Bei der Abfahrt ritt ich wohl öfters – in vereisten Hohlwegen – auf den Haselstöcken.

Unser letzter Winter am Zauberberg war besonders schön. Die Pächter waren abgezogen, und wir hausten ganz allein. Es gab damals viel Schnee, zwei Meter hoch lag er ums Haus. Des Schaufelns müde, schlüpften wir bei der Haustür in die Bindung, und dann wurde per Ski Holz getragen, Wäsche aufgehängt, ja sogar das etwas abseits gelegene „Häuschen" suchten wir per Ski auf.

Aber hier einen weiteren Winter zuzubringen, das hätte Gott versuchen geheißen! Dr. Kraus war immerhin schon 72 Jahre, also zogen wir im Herbst 1952 ins Tal, glücklich, bei Herrn Berger vlg. Printschler eine Bleibe zu finden. Unter Tränen nahm ich Abschied vom Zauberberg, von der lieben Freundlmutter, ihr das Versprechen abgebend, oft wiederzukommen. Ach, es wurde nichts daraus. Die Puppenarbeit spann mich immer mehr ein; waren es nicht die Bestellungen, dann war es meine „Besessenheit", etwas Neues in Angriff zu nehmen. Auch das Skifahren haben wir aufgegeben, weil wir uns vor der Dorfjugend schämten, die so herrlich „wedelte", indes wir nur den Stemmbogen beherrschten.

Wie viele gemeinsame Spaziergänge habe ich durch meine Arbeit versäumt, wie viele besinnliche Abendstunden im Advent! Meine Arbeit hatte mich einfach ganz in Anspruch

33

neben dem Arbeitskörbchen liegen, um zwischendurch die Vöglein zu beobachten. Winters war es dann der gemütliche grüne Kachelofen in meiner Puppenstube, bei dem ich stichelnd Stunde um Stunde verbrachte. „Übertreibe nicht!" Wie oft ermahnte mich Dr. Kraus mit diesen Worten. Er, der Mann, der in allem Maß halten konnte, wußte ja nicht, wie es ist, wenn man immer neue Einfälle und Vorstellungen von Figuren oder Figurengruppen hat und man es nicht erwarten kann, eine Arbeit zu vollenden, um sich einer neuen zuwenden zu können.

„Der schönste Dank für Gottes Gaben besteht darin, daß man sie weitergibt." Diesen Satz las ich einmal, und ich darf sagen, ich habe viel weitergegeben, oft schweren Herzens. Wenn ich mich von einer Arbeit gar nicht trennen konnte, versteckte ich sie in meiner Truhe.

Wir haben damals jedes Jahr eine größere Reise gemacht, und ich habe viel Schönes erlebt unter der sachkundigen Führung von Dr. Kraus, aber das Schönste blieb für mich doch das Gleichmaß des Alltags; wichtig war für mich, daß ich von Blumen und Vöglein umgeben war.

1969 fand eine lang gehegte Sehnsucht ihre Erfüllung, als mir ein kleiner Blumengarten beim Haus überlassen wurde. Warum kam mir der Gedanke nicht früher? Weshalb habe ich nicht früher gemerkt, daß die Sonne den Hang unter meinem Balkon auf der Vorderseite des Hauses doch von März bis Oktober bescheint? Der Bauer trat mir das Stückchen Gelände verständnisvoll ab. Und nicht nur das: er friedete es mit einem richtigen Almzaun mit Holzringen, deren Herstellung

Obstgarten brannte ein lustiges Feuer, über dem der alte Knecht Hansele die frischen Fichtenäste zur Verarbeitung vorbereitete, die dann der Bauer mit dem ältesten Sohn zu Ringen drehte und verflocht. Alle drei Männer waren schwarz wie Köhler. Der jüngere Sohn, künstlerisch begabt, schnitzte für mich ein Brunnenmandl. Zu ihm gesellten sich nach und nach Wurzeln, die Vögeln gleichen und seither die Zaunsäulen krönen. Die Wege wurden mit Marmorplatten – Abfällen aus dem Steinbruch im nahen Krastal – ausgelegt, und in die Mitte stellte mir der Bauer einen Römerstein, wie sich später herausstellte, eine antike Handmühle, die seit Generationen als Viehtränke im Obstgarten in Verwendung stand.

Mein Garten! Wie viele Sternstunden hat er mir bisher geschenkt! Ob ich kniend jätete oder mich verschnaufend aufrichtete, dem Geräusch des Brunnens oder dem freundlichen Rauschen des Baches mein Ohr lieh, es war immer wunderbar. Es ist nur leider so, daß die hohen Fichten im Osten immer höher und breiter werden und durch ihren Schatten viele Pflanzen nicht mehr so gedeihen, wie ich es mir wünschte. Nur die Nachtkerze breitet sich aus, ich liebe sie sehr. Wenn von Juni bis in den Herbst hinein in der Dämmerung sich die schönen gelben Blüten öffnen, in so rascher Folge, als zünde man Kerzen an, und dann jeder Strauch wie ein Lichterbaum dasteht, ist das für mich jedesmal eine Andachtsstunde.

In der ersten Freude über meinen Garten habe ich den „zufriedenen Gärtner" als Puppe gemacht, eine Figur, die mir wenn er auch beim Gießen der Zimmerpflanzen angeregnet wird, es macht ihm nichts aus, dem ohnedies verwitterten Mann. Er und meine „Nadelwabi" sind jene zwei Figuren, die immer um mich sind und für mich längst ihr eigenes Leben haben.

Die Gartenarbeit ist ein notwendiger Ausgleich für meine Puppenarbeit. Durch das viele Sitzen sind meine Beine für Wanderungen längst zu steif geworden, und mein Atem ist zu kurz. Wenn wir jeden Frühling unsere Wallfahrt zur Ruinenbuche machten, bei ihrem ersten Ergrünen, war Dr. Kraus, obwohl 22 Jahre älter als ich, mir immer voraus.

Im Herbst 1972 starb Dr. Kraus, kurz vor seinem 92. Geburtstag. Über die erste schwere Zeit halfen mir die Puppenarbeit und Zukunftspläne hinweg. Ich wollte die für mich allein zu große Wohnung umbauen und meine Werkstatt in das sonnigste Zimmer verlegen.

Während Maurer und Zimmermann, Installateur und Elektriker, Maler und Tapezierer Hand anlegten, saß ich schon ab sieben Uhr morgens beim grünen Kachelofen, durch einen Vorhang etwas geschützt vor Staub und Zugluft, und arbeitete. Wenn mir auch damals keine fröhlichen Gesichter gelingen wollten, habe ich doch während keiner Adventszeit neben Krippenfiguren so viele Englein gemacht wie in jenem Jahr. Nach Arbeitsschluß der Handwerker um 17 Uhr genoß ich die eingetretene Stille und arbeitete weiter, bis mir die Augen zufielen.

Im Frühjahr 1973 holte ich die sorgsam verwahrten Puppen aus der Truhe und stellte sie mit neuen Gruppen, die ich im zeigen und hatte mich deshalb zur Errichtung eines kleinen Puppenmuseums in meinen vier Wänden entschlossen.

Da es dem Menschen nach Goethes Worten gegeben ist, auf keiner Stufe zu ruhen, begann ich alsbald die Schausammlung zu erweitern. Ich faßte den Plan, den Arbeitsablauf eines Bauernjahres in dieser Gegend als Dokumentation für die Nachwelt mit Puppengruppen festzuhalten. In Peter Oberdorfer fand ich den idealen Helfer, der mir Gerät und Werkzeug naturgetreu anfertigte. Von Weihnachten 1973 bis nach Ostern 1974 saß ich täglich 15 Stunden bei der Arbeit, kannte keinen Sonn- und Feiertag. Vorwurfsvoll schaute mich das Bild von Dr. Kraus neben meinem Arbeitstisch an, und mir war oftmals, als hörte ich ihn sagen: „Du übertreibst." Aber ich konnte nicht anders. Das Ergebnis dieser rastlosen Tätigkeit füllt nun mehrere Vitrinen des Puppenmuseums, das ich unterdessen der Gemeinde Treffen zum Geschenk gemacht habe.

Aber auch nach Fertigstellung der Puppen, die die Bauernarbeit unserer Vorfahren zeigen, konnte ich die Hände nicht in den Schoß legen. Ich schone mich zwar ein wenig und gestatte mir in der Mittagszeit Spaziergänge, gehe hinauf zur Ruinenbuche oder zur uralten Thuja, meinem Lebensbaum, aber es sind nur kurze Unterbrechungen in meinem langen Arbeitstag. Ich gehe die Wege, die ich mit Dr. Kraus in den letzten Jahren gemeinsam gegangen bin, benötige aber für die Wegstrecke die doppelte Zeit. Dabei schweifen meine Gedanken entweder zurück in die Vergangenheit oder sie beschäftigen sich mit neuen Plänen. 1975 arbeitete ich an einem Hochzeits-

Kinderfiguren, die mich nach wie vor fesseln und nach Gestaltung verlangen. Jeder Tag müßte 48 Stunden und mehr haben, um all das Gestalt werden zu lassen, was mich fasziniert. Wenn ich auf die sieben Jahrzehnte meines erfüllten Lebens zurückblicke, dann tue ich dies in tiefer Dankbarkeit. Es sind mir zwar Kummer und Sorgen nicht erspart geblieben, aber ich war dennoch immer ein zufriedener und glücklicher Mensch. Ich habe meine Talente genützt und darf mit meinen Puppen Freude bereiten.

BILDNACHWEIS

Von Elli Riehl beigestellt:
6, 9, 11, 13, 14, 20, 21, 22, 31
Anton Kreuzer: 41–45, Umschlagbild
Otto Neumann: 46–51

drittes Kind des Tischlermeisters Gotthart Urban in Villach geboren. 1931 Verehelichung mit dem Bahnbeamten Otto Riehl, die Ehe blieb jedoch kinderlos. 1945 wurde Frau Riehl Witwe und zog sich in die Einsamkeit von Buchholz zurück. Seit 1952 lebte die Kärntner Puppenmacherin beim Bauer Thomas Berger vlg. Printschler in Winklern bei Einöde (Gegendtal), ganz ihrer künstlerischen Arbeit hingegeben. Der Mansardenwohnung hatte sie ein Puppenmuseum angeschlossen, in dem rund 650 Exponate besichtigt werden können. 1975 veranstaltete Elli Riehl mit dem Verlag Carinthia ein halbes Dutzend größere Puppenausstellungen in verschiedenen Orten Kärntens. Die Künstlerin starb am 8. September 1977.

ZUM BUCH

Wenn man diese kurze Lebensgeschichte liest, hat man das Gefühl, als säße die Puppenmacherin vor einem und erzählte aus ihrem Leben, so natürlich ist die Sprache, so herzlich, so fraulich, wie eben die Künsterlin sich zu geben pflegte. Die Biographie wird durch Jugendbildnisse und zahlreiche Puppenbilder, zum Teil in Farbe, ergänzt.

Kleine Kärnten-Bibliothek

ist Kärntner Autoren
und Kärntner Themen gewidmet